Und so geht's:

Das Beispiel auf dieser Seite zeigt, wie du mit miniLÜK spielst. Diese Übung findest du auf Seite 2 und 3.

Öffne das miniLÜK®-Kontrollgerät und lege den durchsichtigen Boden auf die untere Übungsseite deines miniLÜK-Heftes.

Nimm Plättchen 1. und sieh dir Aufgabe 1. an.

Diese ist gelb und markiert drei gelbe Autos. Auf der unteren Seite in Feld 3 findest du die Ziffer 3 auf gelbem Grund.
Lege Plättchen 1. auf Feld 3.

So spielst du weiter, bis alle 12 Plättchen auf dem durchsichtigen Teil des Kontrollgerätes liegen und keine Bilder mehr zu sehen sind.

Dann schließt du das Kontrollgerät und drehst es um. Wenn du das bei der Übung abgebildete Muster siehst, hast du alles richtig gemacht.

Passen einige Plättchen nicht in das Muster, löst du diese Übungen noch einmal. Stimmt es jetzt?

Und nun viel Spaß!

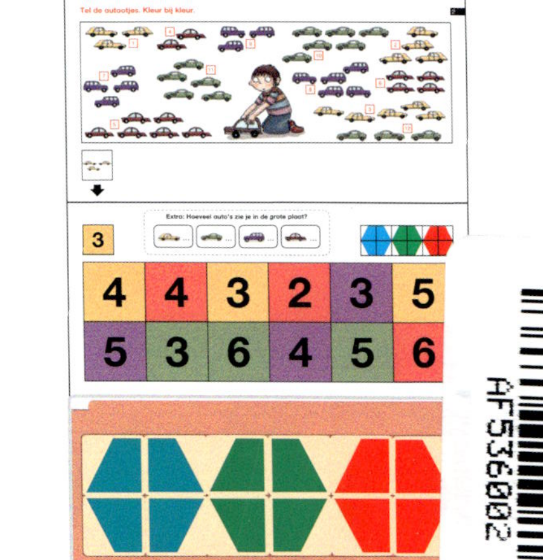

Zähle die Autos.

1 4 9 10 2 7 11 8 6 5 3 12

3

Extra: Wie viele Autos einer Farbe zählst du ingesamt?

…	…	…	…

4	4	3	2	3	5
5	3	6	4	5	6

Zähle die Tiere.

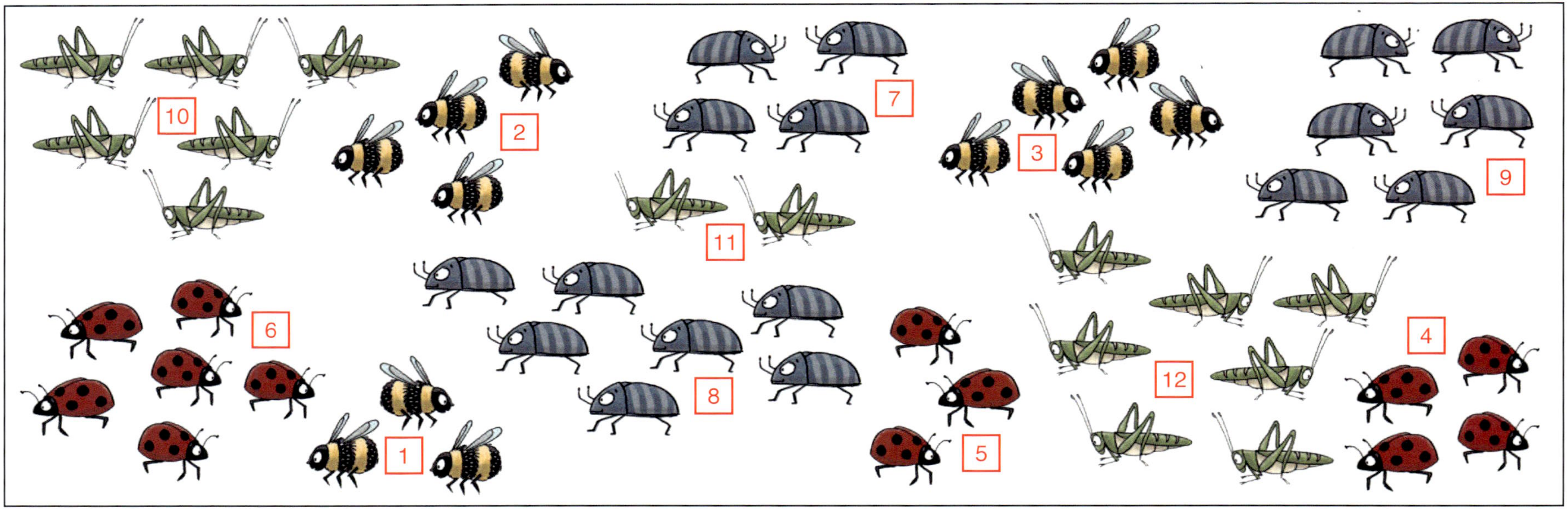

10 2 7 3 9

11

6 4

8 12

1 5

3

Extra: Wie viele Tiere einer Art zählst du ingesamt?

…	…	…	…

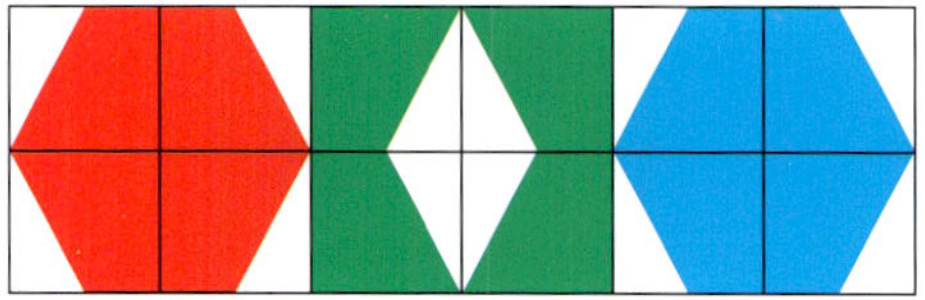

6	5	4	6	4	6
2	3	4	3	7	7

Zähle die Enten.

12 6 9 3 11

8 1 7

5 2 10 4

5

Extra: Wie viele Enten einer Farbe zählst du ingesamt?

 ...

 ...

 ...

 ...

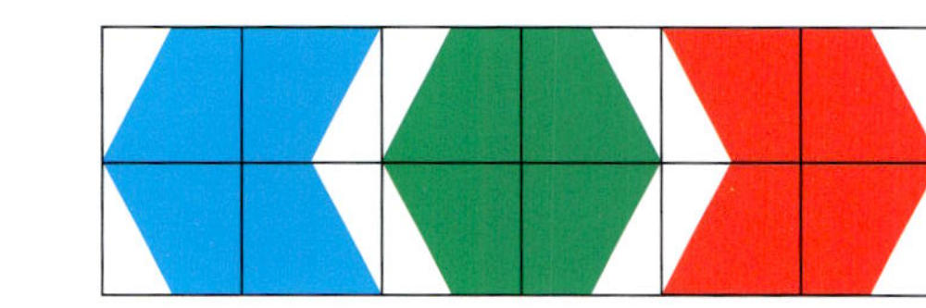

3	5	5	5	4	7
4	4	2	2	3	6

Zähle die unterschiedlichen Bananen. Beachte dabei das Muster.

1 2 3 4 5 6 7 8 9 10 11 12

6

Extra: Wie viele Bananen hat der Affe noch nicht angemalt?

…

Wie viele Bananen hat der Affe jeweils gepflückt?

1 2 3 4 5 6 7 8 9 10 11 12

Extra: Wie viele Bananen zählst du?

... ...

Wie viele Bananen fehlen?

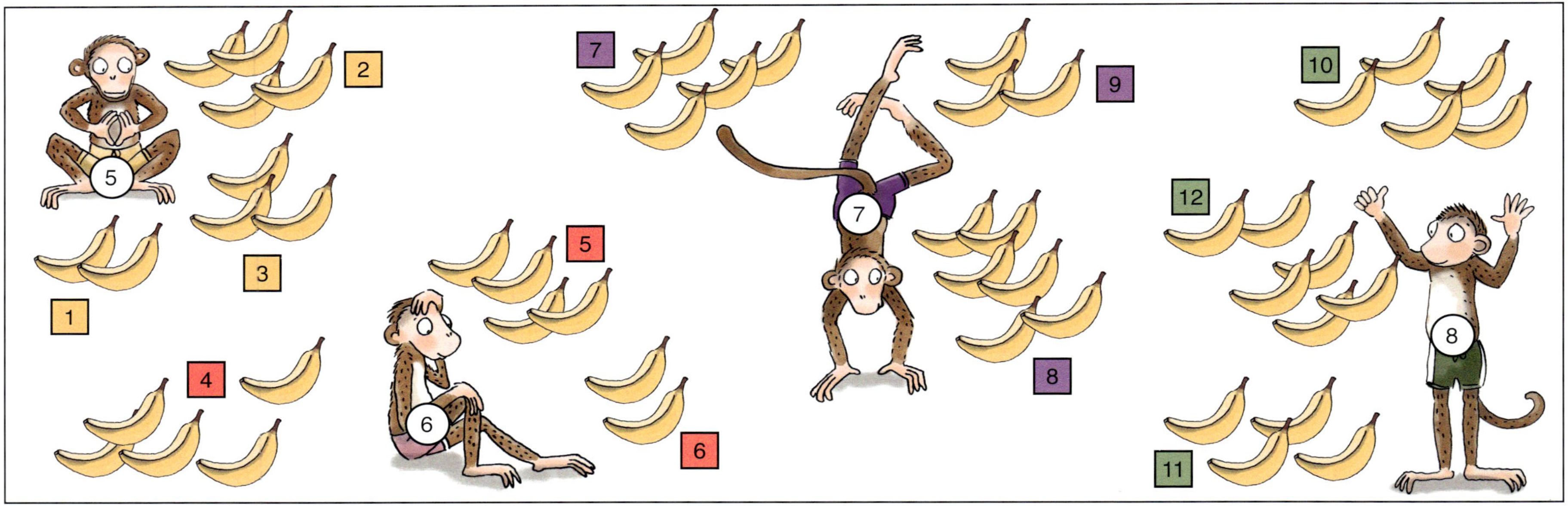

Extra: Wie viele Bananen bekommt jeder Affe?

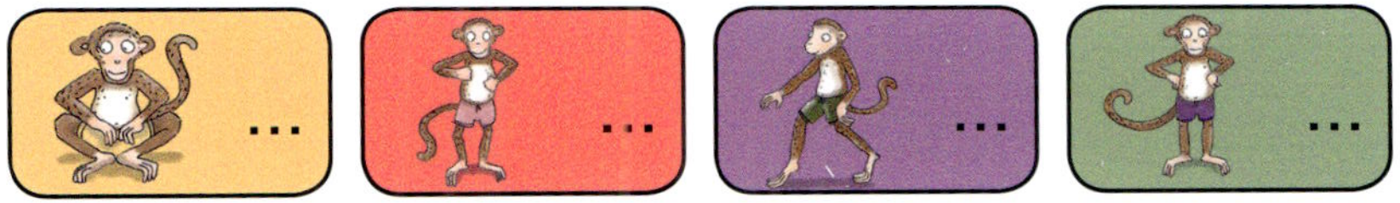

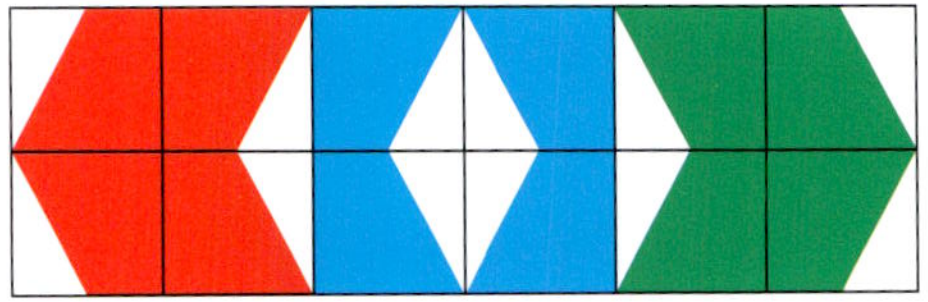

... ...

Zähle die Fingerpuppen. Wie viele siehst du?

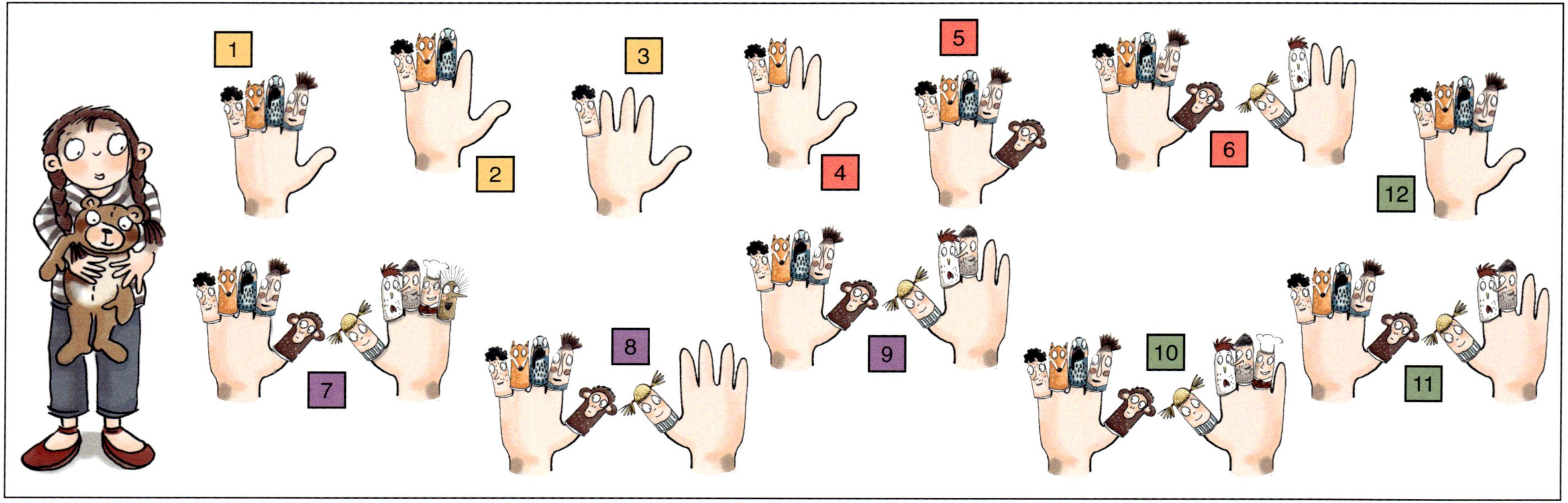

1 2 3 4 5 6 12

7 8 9 10 11

4

Extra: Wie viele Fingerpuppen zählst du?

 ...
 ...

 ...

 ...

9	10	7	3	8	5
4	2	4	6	8	1

Wie viele Fingerpuppen und wie viele Finger siehst du?

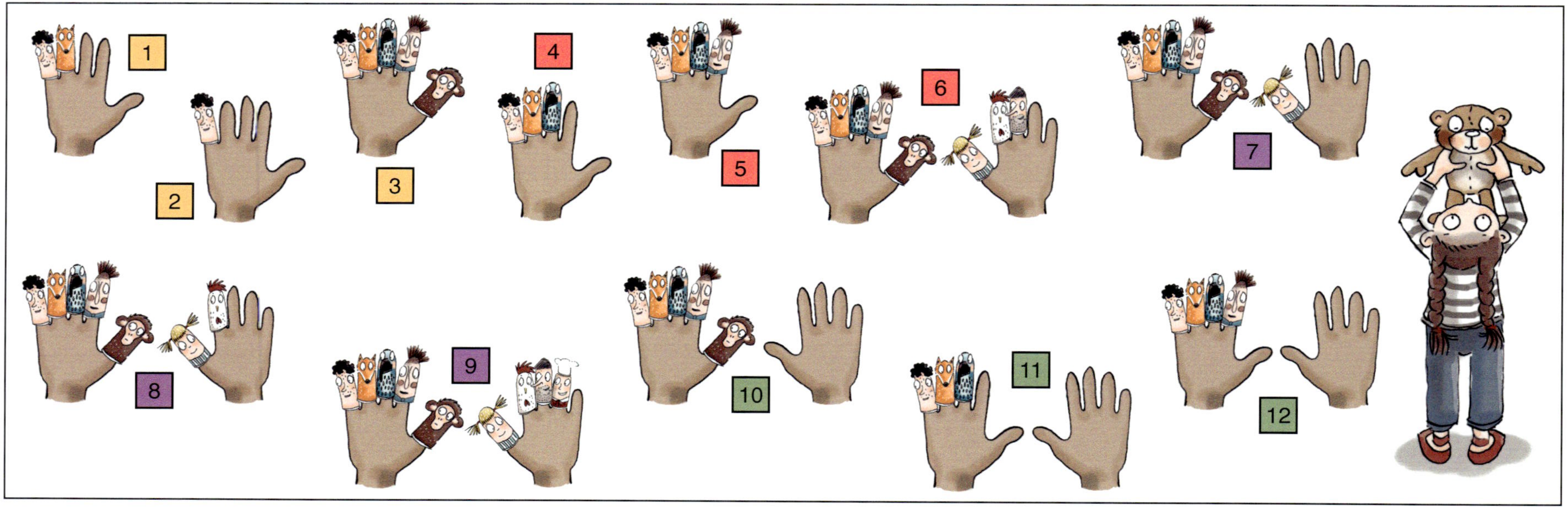

1 2 3 4 5 6 7

8 9 10 11 12

2 + 3

Extra: Wie viele Fingerpuppen zählst du hier?

... ...

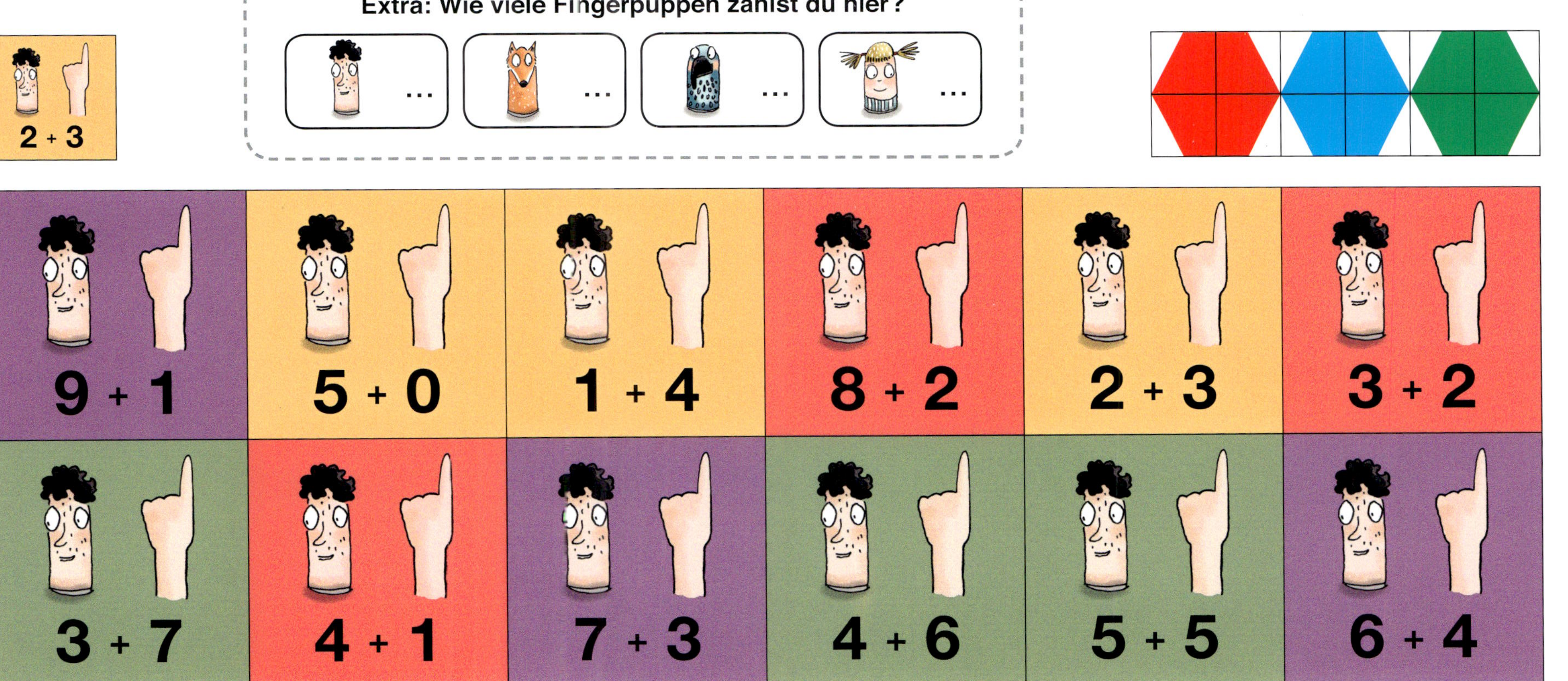

Wie viele Fingerpuppen zählst du?

6

Extra: Wie viele Teddybären findest du?

 ...

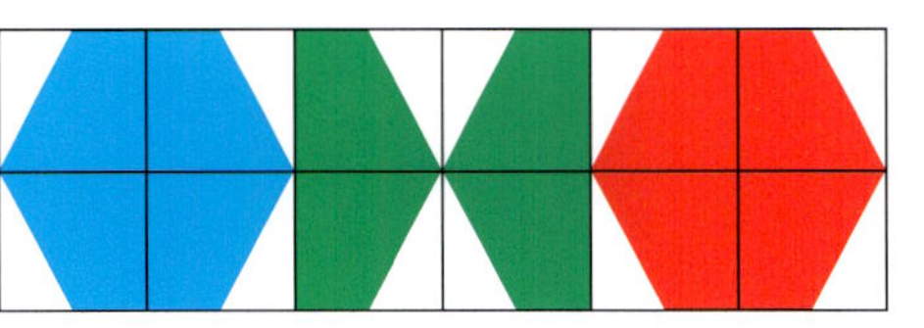

5	2	7	6	12	11
3	10	8	1	4	9

Zähle die Hühner, die Eier und die Küken.

6

Extra: Wie viele Hühner zählst du ingesamt?

 ...

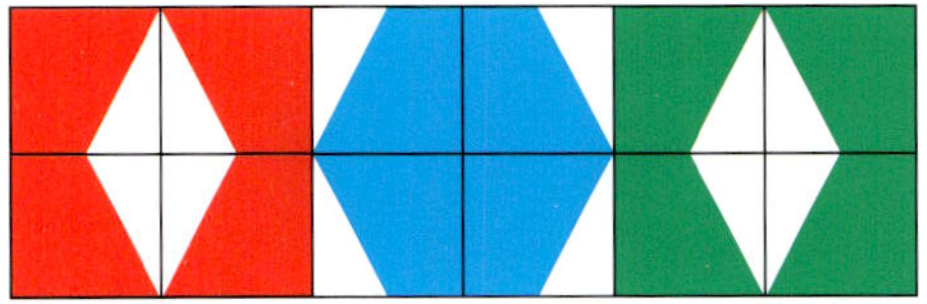

6	7	3	8	2	4
8	9	5	5	1	6

Zähle die Eier und die Hühner.

1 + 1

Extra: Wie viele Hühner siehst du ingesamt?

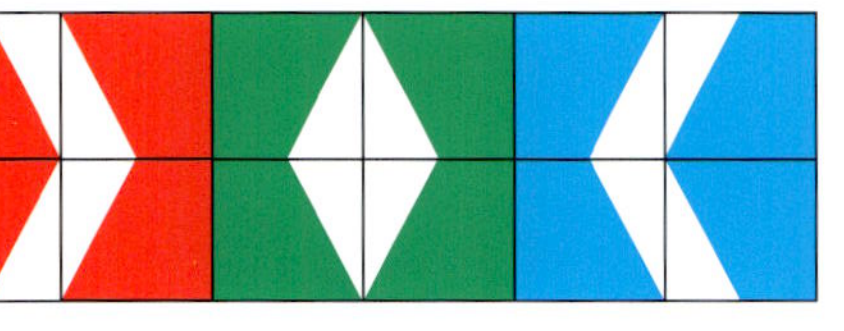

2 + 1	3 + 3	4 + 1	3 + 4	5 + 1	2 + 2
1 + 2	2 + 3	4 + 3	1 + 1	2 + 4	4 + 2

Wie viele Küken fehlen?

3 1	3 3	4 6	6 2	4 4	9 5
5 4	12 3	10 5	8 5	2 7	5 11

Extra: Wie viele Hühner zählst du auf dieser Seite?

…

WWW.LUEK.DE

Plättchen für Plättchen zum Erfolg!
Mit dem miniLÜK-Kontrollgerät.

Zählen lernen für Kinder ab 4 Jahren
Spielerisch zählen lernen – das gelingt mit dem vorliegenden Heft ganz einfach. Lustige Tiere, bunte Autos, jede Menge Bananen und schlaue Fingerpuppen verleiten zum Immer-weiter-zählen-wollen. Bereits Kinder ab 4 Jahren entwickeln so das fürs spätere Rechnen notwendige Zahlenverständnis und werden dafür belohnt mit dem LÜK-Erfolgserlebnis, dem richtigen Muster!

Alle Übungen stärken zudem die Konzentrationsfähigkeit der Kinder und über den intuitiven Ansatz und das integrierte Rückmeldesystem zum Lernerfolg zusätzlich auch ihre Motivation und ihren Lerneifer. Mit Extra-Aufgaben für ganz Schlaue!

Ich lerne zählen
ISBN 978-3-8377-4543-6